AF603582

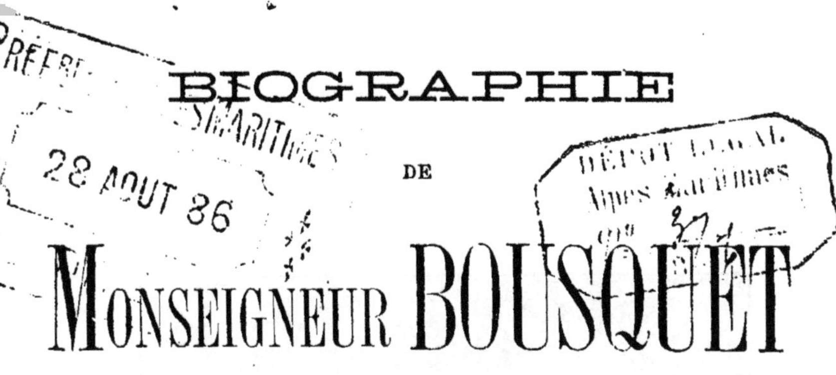

PRÉFECTURE ALPES-MARITIMES
28 AOUT 86
DÉPÔT LÉGAL Alpes-Maritimes

BIOGRAPHIE

DE

MONSEIGNEUR BOUSQUET

ANCIEN VICAIRE GÉNÉRAL, MISSIONNAIRE APOSTOLIQUE
CHANOINE D'HONNEUR DES BASILIQUES DE LORETTE ET DE JÉRUSALEM
COMMANDEUR AVEC PLAQUE
DE L'ORDRE DU LIBÉRATEUR DE VÉNÉZUÉLA, ETC.
COMMANDEUR DE L'ORDRE PONTIFICAL DU ST-SÉPULCRE
OFFICIER DE L'ORDRE DE LA RÉDEMPTION AFRICAINE DE LIBÉRIA.
MEMBRE DE DIVERSES ACADÉMIES ET SOCIÉTÉS SAVANTES
DE FRANCE ET DE L'ÉTRANGER
GRAND AUMONIER DE LA MAISON ROYALE DE LUSIGNAN

par le Chanoine F. XILEF
Docteur en Théologie

ÉDITION ORNÉE DE SON PORTRAIT

SE VEND : 1 Fr. POUR UNE BONNE ŒUVRE
Chez M. Salengo, boul. du Pont-Neuf. Nice

Ln27 36720

NICE — IMPRIMERIE DES ALPES-MARITIMES
16, Rue Saint-François-de-Paule
1886.

Monseigneur Bousquet

BIOGRAPHIE

DE

Monseigneur BOUSQUET

ANCIEN VICAIRE GÉNÉRAL, MISSIONNAIRE APOSTOLIQUE
CHANOINE D'HONNEUR DES BASILIQUES DE LORETTE ET DE JÉRUSALEM
COMMANDEUR AVEC PLAQUE
DE L'ORDRE DU LIBÉRATEUR DE VÉNÉZUÉLA, ETC.
COMMANDEUR DE L'ORDRE PONTIFICAL DU ST-SÉPULCRE
OFFICIER DE L'ORDRE DE LA RÉDEMPTION AFRICAINE DE LIBÉRIA,
MEMBRE DE DIVERSES ACADÉMIES ET SOCIÉTÉS SAVANTES
DE FRANCE ET DE L'ÉTRANGER
GRAND AUMONIER DE LA MAISON ROYALE DE LUSIGNAN

par le Chanoine F. XILEF
Docteur en Théologie

ÉDITION ORNÉE DE SON PORTRAIT

SE VEND : 1 Fr. POUR UNE BONNE ŒUVRE
Chez M. Salengo, boul. du Pont-Neuf, Nice

NICE — IMPRIMERIE DES ALPES-MARITIMES
16, Rue Saint-François-de-Paule
1886.

Ln 27 36720

Monseigneur,

Les bienfaits innombrables qui, depuis plus de 30 ans, honorent votre carrière sacerdotale, ont fait, de votre existence tourmentée, une vie des mieux remplies. Aussi, si ce qu'on dit est vrai, et hélas ! ce ne l'est que trop, qu'on crée des ingrats en faisant le bien, vous devez en connaître beaucoup, tant est grand le nombre de ceux que vous avez obligés. Mais, qu'importe, n'avez-vous pas dit bien souvent, il faut toujours faire le bien pour le bien, tant pis pour les âmes ingrates ou jalouses, il faut les plaindre et voilà tout. Eh bien, Monseigneur, croyez à la parole d'honneur d'un de vos meilleurs amis. Vos bienfaits sont restés gravés dans le cœur reconnaissant d'un grand nombre d'âmes souffrantes que je connais, et je suis heureux de vous l'affirmer. Aussi, pour répondre aux désirs de plusieurs, j'ai dû accepter la douce tâche d'écrire, comme à vol d'oiseau, n'ayant pas tous les documents nécessaires, votre Biographie. Plaise à Dieu que votre modestie me pardonne de l'avoir publié sans votre permission ! Laissez moi, Monseigneur, la satisfaction de vous en faire hommage d'abord, et puis de l'offrir à ceux de vos amis sincères qui, vous ayant vu à l'œuvre, comme moi, ont pu apprécier les qualités d'esprit et de cœur qui vous distinguent.

Puisse ce témoignage de ma reconnaissance personnelle, vous être agréable, Monseigneur, me valoir toujours votre estime et mériter aux membres souffrants de J. C. dont vous êtes le vrai ministre, la continuation de vos bienfaits.

F. XILEF, Docteur en théologie

BIOGRAPHIE

DE

Monseigneur BOUSQUET

En ma qualité de collègue de Monseigneur Bousquet, dont je suis heureux de me dire le serviteur très humble et l'ami dévoué, je viens offrir aux nombreux amis du vénéré Prélat, cette courte notice biographique. Daigne Monseigneur, mon vieil ami, m'excuser, si je fais violence à sa modestie, et ne s'arrêter qu'à la bonne amité qui nous unit à jamais !

Aux honorables lecteurs de ma prose, je ne demande qu'une faveur : c'est de la lire avec un plaisir égal à celui que j'éprouve à l'écrire.

Les documents me faisant défaut, je vais laisser courir ma plume sous l'inspiration de mon cœur, toujours si attaché à celui dont je vais, à grands traits, narrer les qualités les plus saillantes.

Parmi les hommes intelligents du département des Basses-Alpes, se distingue Monseigneur Bousquet, Hilarion, Charles, en résidence à Nice.

Il m'a toujours paru que la vie des hommes d'élite était, ou devait être, un enseignement pour le public qui tourne [plus particulièrement vers eux ses regards scrutateurs.

La vie des hommes d'études scientifiques a beaucoup d'analogie avec le cours majestueux des fleuves qui sillonnent notre globe. D'abord obscurs, presque inconnus à leur origine, ceux-ci grandissent peu à peu en s'enrichissant des minces filets d'eau qu'ils rencontrent dans leur course ; puis, les rivières elles-mêmes leur versent bientôt leur utile contingent, et, ainsi poussés, pressés par ces tributaires nombreux, ils s'avancent, dans toute leur majesté, leur force et leur grandeur jusqu'au moment où ils devront se perdre et se confondre, à leur tour, dans l'immense océan, leur éternel réceptacle.

Ainsi en est-il des hommes studieux qui, à force de travail, se placent au-dessus du commun de leurs semblables. Faibles, obscurs, souvent inconnus à leur origine, ils s'avancent, d'abord complètement inaperçus, au milieu de leurs concitoyens dont ils s'approprient, sans que nul s'en doute, les idées, les aspirations, les tendances. Avec ce premier, mais modeste bagage, ils quittent bientôt leur humble berceau, et s'en vont, petits ruisseaux déjà plus pressés dans leur course, recueillir dans le silence, la méditation et la retraite, ces précieux trésors que tiennent en réserve nos principales maisons d'éducation publique et qu'on appelle : *Le culte des belles lettres,* la pratique des langues anciennes et modernes, les connaissances des *arts et des sciences.* Puis, lorsque pendant 15 ou 16 ans de leur vie, leur intelligence, leur jugement et leur cœur se sont nourris de cet aliment merveilleux de la foi, qui est le levain des espérances immortelles, ils s'élancent, ainsi cuirassés, au milieu de la foule qui, tout d'abord, s'étonne de leur audace, mais finit bien vite par leur conférer la consécration d'un baptême de respectueuse estime et de profonde admiration.

Or, c'est à propos de Monseigneur Bousquet que peut s'appliquer la comparaison que je viens de me permettre.

A son entrée en ce monde, nul apparat, nulle pompe qui décèlent une de ces origines illustres dont s'enorgueillissent les grands de la terre. Comme le *Christ*, son maître et son modèle, il nait de parents honnêtes, médiocrement favorisés des dons de la fortune.

Si nous consultons son acte de naissance, nous trouvons que Monseigneur Bousquet est né à Quinson, Basses-Alpes, le 25 Janvier 1825, du mariage de François, Auguste Bousquet, propriétaire, et de Claire, Julienne Fouque, et que le nouveau né reçut les prénoms de Hilarion, Charles, sur les fonds baptismaux.

Cependant, à défaut de grande fortune, ses

parents possédaient des qualités vraiment solides. Les vieillards de Quinson se rappellent la droiture de leur cœur, l'honnêteté et la loyauté de leur commerce ordinaire, et surtout l'affabilité de leurs manières.

Religieux par tempérament et par conviction, ils voient avec bonheur leur fils grandir auprès d'eux comme grandit, dans la vallée voisine, le faible arbuste ou le lys des champs. Bientôt, fervent lévite du Seigneur et nouvel *Eliacim*, il demeure chargé près de ses premiers maîtres, M. Gilly, les bons curés, Baudisson et Maubert, de présenter chaque matin à l'Eternel le sel et l'encens.

Tandis que le jeune Bousquet recevait sous le paternel regard de ces deux derniers Mentors ecclésiastiques les notions élémentaires de la langue latine, ceux-ci après avoir constaté les heureuses dispositions de leur diligent élève, le firent placer par ses parents au collège de Riez, dont le directeur était alors M. l'abbé Gariel. Là, le jeune Bousquet ne tarda pas à justifier les prévisions de ses premiers précepteurs et de sa pieuse famille. Dès cette époque on aurait presque pu induire que sa voie était tracée, sa vocation révélée.

Étonné des rapides progrès de son cher fils au collège de Riez, M. Bousquet père jugea convenable de le faire admettre au petit séminaire de Forcalquier. On avait compris que ce petit arbuste avait besoin, pour se développer et fleurir, d'un terrain plus profond et plus fort. M. Bousquet fut donc reçu comme élève de 3e dans cet établissement, abondante pépinière de tant d'hommes distingués, au milieu desquels sa gracieuse personnalité devait briller un jour d'un si vif éclat.

Le petit séminaire de Forcalquier avait alors pour supérieur le respectable chanoine Clément, aujourd'hui Archiprêtre de la cathédrale de Digne, dont le souvenir est demeuré gravé dans le cœur de tous ceux qui ont eu le bonheur de le connaître et surtout de l'approcher. Mansuétude, charité évangélique, cœur ardent et fidèle, conseiller prudent et sage, Monsieur le supérieur Clément possédait, à un haut dégré, ces exquises qualités de l'esprit et du cœur qui rendent si agréable le commerce de ceux qui en sont doués. Or, ce fut sous la direction de cet aimable supérieur que mon ami Bousquet fit son entrée au petit séminaire de Forcalquier.

Sourd aux bruits de ce monde, dont les bourdonnements venaient s'éteindre aux pieds des murs de sa retraite, il suivit avec amour et joie la douce pente de son esprit et les inclinations faciles et tendres de son cœur aimant Dieu en se consacrant au service de son culte.

En 1845, le pieux Bousquet qui venait de terminer ses humanités et sa philosophie d'une façon remarquable, entra au grand séminaire de Digne, qui avait alors pour supérieur M. le chanoine Jordany, devenu quelques années plus tard le zélé et St-Evêque de Fréjus et Toulon, dont les 20 années d'épiscopat ont été si glorieusement et si dignement remplies. C'est là, qu'après de nouveaux succès non interrompus durant ses 4 ans de théologie, sous des maîtres habiles, il se prépara à cet acte solennel où le jeune clerc, dans la plénitude de sa raison et de ses convictions, renonce pour jamais au siècle et se consacre définitivement à J. C.

En 1849, à l'âge de 23 ans, après une suite de travaux assidus, l'abbé Bousquet reçut les saints ordres des mains du vénérable Prélat qui l'aimait et l'appréciait, Monseigneur Sibour, devenu peu après archevêque de Paris, dont la fin tragique, mais glorieuse, immortalisa la mémoire. Quelques mois plus tard, l'onction sacerdotale lui fut donnée par Monseigneur Meirieu, évêque de Digne, successeur de l'illustre martyr.

Le jeune prêtre fut nommé vicaire à Valensolle, une des paroisses les plus importantes du Diocèse, où, sous la direction d'un curé dont le zèle n'avait d'égal qu'une austère sévérité, il manifesta pour la chaire un goût très prononcé. Malgré les incessants labeurs paroissiaux, il trouvait encore le temps et le moyen d'exercer son activité, en prêchant çà et là des retraites, des carêmes et des missions. Les fidèles s'entretenaient de sa diction pénétrante, de l'élévation de ses idées, de la souplesse de son langage, du coloris de son style. Devenu curé de différentes paroisses, il laissa partout les traces de son zèle dévorant, mais plus particulièrement à Beynes où il était parvenu, avec l'aide des paroissiens du quartier de Palus, qui le regrettent toujours, à construire un temple sacré qui longtemps proclamera sa munificence.

Le jeune apôtre porte un corps droit, élancé, flexible, une tête noblement relevée. Son front légèrement découvert révèle l'ampleur de son intelligence, sa bouche fine constamment prête au sourire semble ne vouloir s'entr'ouvrir que pour adresser à ses chers paroissiens des paroles d'encouragement et de mansuétude. Ses yeux bleus et vifs expriment cependant que la bonté est le fond de son âme aimante. En résumé, tous le reconnaissent, on ne peut se mettre en contact avec lui sans se sentir pénétré tout à la fois d'une respectueuse sympathie et d'une profonde vénération.

Néanmoins, le séjour trop prolongé en des paroisses de campagne exigües lui apparaissait comme pouvant être pour le prêtre studieux, un entrave au développement des facultés intellectuelles dont l'avait doué la Providence.

A cette riche organisation, à cette intelligence qui, pareille à un torrent endigué qui a besoin de se répandre, il fallait un champ beaucoup plus vaste. C'est alors que le jeune prêtre doué de l'âme ardente du Missionnaire, pensa à quitter son diocèse si peu pourvu de paroisses importantes.

Le chef lieu du département, siège de l'Evêché, ne dépasse pas le chiffre de 7 à 8,000 âmes. Après avoir vainement sollicité de son Evêque, pendant 3 ans, la permission de s'éloigner du bercail, l'ingénieux curé, qu'une impulsion céleste conduisait, car l'homme s'agite et Dieu le mène, trouva enfin le moyen de convaincre Monseigneur Meirieu qui finit par lui accorder un exeat conçu dans les termes les plus flatteurs.

Il vint à Marseille, où le regretté Monseigneur Cruice, trop tôt ravi à l'affection de son clergé et de ses diocésains, l'accueillit avec une grande bienveillance et lui confia, séance tenante, la paroisse de Ceyreste, voisine de la ville de la Ciotat (Bouches-du-Rhône.) Là, pendant six ans, il y opéra des merveilles. L'église fut transformée, et l'esprit des habitants ne tarda pas à s'améliorer. Malheureusement, sa santé peu habituée à ce climat relativement trop chaud au prêtre bas-alpin commença à s'altérer. Le curé Bousquet acquit une charmante maison de campagne, aux portes de Valensolle, où son souvenir de zèlé vicaire était toujours resté vivace, et il vint y établir une villégiature durant six ans. Pendant cet espace de temps, sa santé s'étant remise, il vendit sa modeste retraite pour s'établir à Hyères, comme précepteur dans une des plus nobles familles de la Loire, à l'appel du digne et savant évêque de Fréjus et Toulon, son ancien supérieur du grand séminaire, où il reçut l'accueil le plus fraternel de la part du clergé de la ville des palmiers. L'année suivante, Monseigneur Jordany, par une délicatesse outrée de conscience, ne se croyant plus assez apte à cause de son grand âge, au bon combat qu'un évêque doit soutenir pour la gloire de Dieu, le bien de l'Eglise et le salut des âmes, jugea à propos de démissionner, en se réservant de passer les hivers à Cannes. Le vénérable Prélat, à qui l'âge semble, chaque année, apporter un regain de jeunesse, vint à Cannes, et il n'eût pas de peine à persuader à son ancien élève qu'il serait bien près de celui, pour qui il avait toujours eu un si affectueux dévouement. Mr Bousquet se rendit à ce désir, et le prélat, avant d'abandonner les rênes de l'administration diocésaine, lui confia les aumôneries des petites sœurs des pauvres et de l'Orphelinat du Sacré-Cœur.

La moisson était ample dans ces deux vastes établissements ; aussi, Mr Bousquet y sut immédiatement acquérir l'affection d'un personnel intéressant. Nonobstant ses occupations multipliées, notre laborieux aumônier se rendait tous les dimanches au quartier de la Bocca, dit la Verrerie, pour y évangéliser cette nombreuse population ouvrière dépourvue d'édifice religieux. Sous sa direction fut bâtie la belle église actuelle, au vocable de Ste-Marguerite. Inutile de dire que les habitants de cet important faubourg ont gardé la meilleure souvenance du prêtre charitable qui ne se bornait pas seulement à faire entendre la parole de l'évangile, mais prodiguait à tous ses conseils, ses encouragements, et distribuait aux malheureux la plus grande partie de ses ressources.

Monseigneur Terris, alors Evêque de Fréjus, heureux de ce brillant succès, comprit que l'abbé Bousquet était l'homme capable de surmonter tous les obstacles ; aussi lui imposa-t-il la lourde tâche de bâtir une chapelle au Golfe-Juan, délicieuse localité, aux portes de Cannes, où se pressaient quelques centaines d'habitants sans église, sans presbytère et sans prêtre. Le prudent aumônier, toujours si dévoué à ses établissements de Cannes, résiste plus de trois mois. Mais, presque forcé par les sollicitations de l'évêque et de plusieurs familles du Golfe-Juan, il obéit, acceptant la difficile charge de construire en ce lieu une église et un presbytère. Mais où trouver les ressources pour accomplir cette belle œuvre ? Dieu qui veut s'établir au milieu d'un peuple dont il est encore ignoré lui met au cœur une volonté de fer ; il prend son bâton et son sac, et le voilà par monts et par vaux à solliciter des secours.

La Providence lui ouvre les portes des cœurs généreux. Il bâtit, en deux ans, un presbytère et une coquette église dont la flèche élancée de son élégant clocher fixe l'attention et l'admiration de tous les voyageurs. Bien que l'Evêché n'ait rien fourni, l'Abbé Bousquet fait face à tout ; constructions, matériel, mobilier, etc., tout est ponctuellement payé, et les mémoires des fournisseurs sont scrupuleusement acquittés, chose bien rare dans ces sortes d'entreprises. L'église, munie de tout ce dont elle peut avoir besoin, est ouverte au culte, et Dieu seul récompensera M. l'abbé Bousquet des sacrifices de tout genre que ce glorieux, mais pénible labeur lui a imposé, durant ces deux années de cruelles fatigues.

Toute la population du Golfe-Juan était heureuse de voir cette œuvre conduite à bonne fin, et elle se réjouissait à la pensée que son auteur allait recevoir la juste récompense due à ses fatigues ; car, dans le public on savait que l'Evêque avait promis à l'Abbé Bousquet de le nommer chanoine honoraire de sa cathédrale. Mais ô déception ! l'Evêque, — nous voulons croire pour la dignité épiscopale et la justice qui doit régner dans l'âme d'un prélat, — fut circonvenu par des esprits jaloux et envieux qui lui firent remarquer qu'il ne pouvait accorder ce titre de chanoine honoraire à un prêtre étranger au diocèse, sans mécontenter son clergé, dont plusieurs vétérans n'avaient pas encore été honorés. L'Evêque céda à ces sollicitations intéressées, oubliant que si les vétérans avaient des droits, des mérites exceptionnels en avaient plus encore. Il se borna à remercier l'Abbé Bousquet en lui exposant les raisons qui précèdent, pour revenir sur la parole donnée.

Mr Bousquet déjà chanoine de Jérusalem et chevalier de l'ordre pontifical du St-Sépulcre se soumit chrétiennement. Mais il ne put s'empêcher de ressentir une vive tristesse en voyant qu'il était traité de *prêtre étranger* dans un diocèse où il avait donné tant de preuves de dévouement.

Il répondit à l'Evêque pour le remercier de sa lettre et lui disant que sa mission était remplie.

Par une deuxième lettre du 18 Septembre 1881, adressée à Monseigneur Terris, M. Bousquet lui demandait comme unique faveur de le remplacer dans ses aumôneries de Cannes, et qu'il était heureux de lui dire en le quittant: *quod debuimus facere, fecimus*. Sur ce, l'éminent évêque de Vintimille, Monseigneur le marquis de Reggio, qui déjà avait connu le chanoine Bousquet et l'avait même nommé chanoine honoraire de sa cathédrale, lui fit dire que s'il voulait venir à San-Remo, la ville pittoresque, si attrayante par la beauté de son climat, la plus populeuse de son diocèse, en qualité d'aumônier des Dominicaines et de Directeur des dames de St-Denis, deux établissements français fondés pour le service des nombreuses familles étrangères qui viennent passer l'hiver sous les rayons bienfaisants de l'incomparable soleil d'Italie, il lui donnerait, en dédommagement le titre de vicaire général honoraire. Le chanoine Bousquet accepte avec plaisir et reconnaissance pour se trouver fréquemment en relations avec un évêque d'une distinction si rare. Le voilà installé à San-Remo. La chapelle élégante du couvent St-Dominique, où le chanoine-aumônier fait, chaque dimanche et dans la semaine, entendre en langue française, la parole de Dieu, sa verve, son entrain, sa charité électrisent l'auditoire, tout San-Remo s'en entretient et bientôt la sus-dite chapelle se trouve trop petite pour contenir la colonie étrangère accourue en foule.

Malgré ce brillant succès et l'accueil sympathique que recevait partout le chanoine Bousquet, il lui manquait quelque chose. Pour être prêtre on n'en n'est pas moins patriote et dans une grande âme il y a place pour l'amour de Dieu et de la Patrie. Aussi désira-t-il rentrer en France, il en fit part à l'illustre Marquis de Reggio, Evêque de Vintimille, qui vit avec un grand chagrin un aussi utile collaborateur s'éloigner de son diocèse.

Le vicaire général Bousquet se décide à s'installer à Nice, où il compte un certain nombre d'amis dévoués et distingués. Le St-Père voulant donner un témoignage manifeste de son estime, pour tout ce qu'il a fait durant sa vie sacerdotale lui confère le titre envié de Missionnaire apostolique, et lui accorde le privilège insigne de la chapelle privée. Honneur très grand, mais bien mérité.

Notre chanoine prend rang de suite parmi les esprits cultivés de la ville de Nice, comme aussi sa place est marquée dans les grands salons des familles les plus honorables.

Sa bonté, sa charité inépuisable rappellent à tous

leur regretté pasteur Monseigneur Sola, dont les bienfaits sont gravés en traits ineffaçables dans le cœur de tous ses anciens diocésains. Il se plait dans le milieu que lui ouvre la Société des Lettres, Sciences et Arts de la ville, en l'introduisant dans son sein, en qualité de membre titulaire. Fier de se rencontrer au milieu des savants dont s'honore cette docte académie et qui compte tant d'illustrations littéraires, scientifiques et artistiques, le chanoine Bousquet consacre son temps et sa vie toute entière à la réconciliation de l'esprit moderne avec la tradition. Pour opérer cette désirable fusion, le prêtre érudit fait intervenir la science comme une sœur bien aimée. Il comprend que cette radieuse fille du ciel peut seule calmer les inquiétudes du siècle et ramener les hommes à la Concorde et à la paix, en leur montrant l'accord mystérieux de la raison et de la foi, de la tradition et du progrès.

Quelle plus glorieuse victoire la société et l'Église pourraient-elles espérer de l'intelligent chanoine que cette réconciliation des âmes, cette fusion des cœurs, ce baiser de paix des intelligences, cette marche unanime et toujours ascendante vers Dieu!

La véritable science est la lumière, et toute lumière mène à Dieu. Que ce soit donc sur les ailes de la science que le zèlé et pieux prêtre nous conduise à la lumière, c'est-à-dire à Dieu, son unique et resplendissant foyer.

Pour faire diversion aux travaux sérieux historiques et archéologiques qui s'élaborent au sein de cette Société savante, dont la place est si considérable dans le monde lettré de la France et de l'étranger, le chanoine Bousquet se livre quelquesfois à de charmantes études littéraires et poétiques qui, comme un gai rayon de soleil, dans une grande nef gothique, viennent de temps en temps éclairer ces réunions et les délasser des choses trop sérieuses. Ainsi, il a chanté le *Printemps,* ses douces matinées, la nature qui s'anime au renouveau.

Ensuite, passant à un mode plus grave, le chanoine Bousquet que le Pape Léon XIII vient d'élever au grade de *Commandeur* de son Ordre illustre du *St-Sépulcre,* chante avec une habileté rare : les *Merveilles de la Science,* les *Prodiges de l'Industrie*, le *Progrès de l'esprit humain.* Le sympathique commandeur-poëte, estimant avec raison, que le culte des lettres est la plus douce occupation du Sage, se plaît à admirer ce qui est beau, ce qui est vrai, ce qui est bien. L'amour de l'humanité étant la loi du vrai ministre de la Religion, celui que bientôt nous nommerons Monseigneur, n'a sur les lèvres que des paroles de paix, et dans le cœur que des pensées de charité fraternelle.

La plume du studieux écrivain s'étant exercée dans un grand nombre de journaux de Nice et d'ailleurs, lui mérite des diplômes de diverses Académies littéraires de France et de l'Etranger. A Lorette, en Italie, on ne resta pas indifférent à ce concert d'hommages unanimes. Un diplôme de Chanoine de l'Insigne Basilique de Notre-Dame de Lorette vint agréablement surprendre le poëte au moment même où il livrait à la presse un de ses plus poétiques élans en l'honneur de la Ste-Vierge. Voilà donc notre ami décoré du titre de *Monseigneur,* puisque ce titre est attaché au canonicat de cette Basilique, avec droit à un costume de Prélat, en vertu d'un indult de S. S. le Pape Léon XIII, en date du 22 avril 1885, fidèlement rapporté dans la *Semaine Religieuse* du diocèse de Nice, au nº 19, du dimanche 11 avril 1886, publiée sous les auspices de Monseigneur Balaïn, Evêque de Nice, et dans le Journal les *Annales Catholiques,* nº du 13 mars 1886, auquel j'emprunte littéralement la copie suivante :

« D'après un indult de Jules II, de l'an 1307, confirmé en 1514, par Léon X, les chanoines de Lorette sont à perpétuité les familiers et les prélats domestiques des Souverains Pontifes : *Familiares et commensales perpetui summorum Pontificum.* C'est comme tels que, en vertu des concessions des Papes Clément VIII, Benoît XIII, Pie VII, Pie IX et Léon XIII, ils ont le droit de porter la soutane et la ceinture violettes, le chapeau avec glands violets, les bas violets, la Croix pectorale et le titre de *Monseigneur*, titre dont se sert toujours même l'Evêque de Lorette en écrivant en France à ses chanoines. »

Des réclamations ayant été adressées à la Congrégation des Rites, en 1884, et accueillies par elle au sujet du port de ces insignes en dehors du diocèse de Lorette, N. S. P. le Pape, glorieusement règnant, vient, d'autorité apostolique, de trancher la question en faveur des chanoines de Lorette par l'indult suivant, dont voici la traduction fidèle :

INDULT DU PAPE LÉON XIII

en faveur des Chanoines de la Basilique de Lorette

POUR PERPÉTUELLE MÉMOIRE

« Les prières qui Nous ont été adressées de la part de nos chers fils les chanoines de la Basilique de Lorette, Nous représentaient que, par Nos lettres données le 11 juillet 1882, Nous avions accordé au Chapitre de cet illustre sanctuaire certains privilèges et insignes à condition cependant qu'on n'en usât que dans les limites du diocèse de Lorette. Maintenant, ces mêmes chanoines désirent vivement qu'il leur soit loisible, avec Notre permission, d'user de ces distinctions même en dehors du diocèse de Lorette.

« Nous donc, voulant, en conséquence, exaucer ces vœux, autant qu'il Nous est possible dans le Seigneur, Nous absolvons et Nous voulons que l'on regarde comme absous tous et chacun de ceux que Nos lettres favorisent, de toute sentence d'excommunication, d'interdit et autres sentences, censures et peines capitulaires portées contre eux, de quelque manière ou pour quelque motif qu'elles aient été portées, s'ils en avaient par hasard encouru quelqu'une, et dans la force de Notre pouvoir Apostolique, Nous accordons en vertu des présentes, aux chanoines composant aujourd'hui ou dans l'avenir le Chapître de la Basilique de Lorette, à tous et à chacun, *de pouvoir licitement porter toujours le chapeau orné de cordons et de glands violets, les bas et la ceinture de même couleur, même en dehors du diocèse de Lorette,* excepté cependant à perpétuité dans Notre bonne ville de Rome et les lieux où se trouve la Cour Pontificale et où se tient un Concile général.

« En accordant ces faveurs, Nous voulons que Nos présentes lettres soient *stables, valides* et *efficaces*, qu'elles doivent obtenir *leurs effets pleins et entiers,* et qu'elles devront pleinement bénéficier à ceux qu'elles concernent ou qu'elles pourront concerner, en tout et toujours, et les juges ordinaires et délégués devront juger et définir dans ce sens, *et on doit regarder comme nul et sans effet tout ce qui serait attenté contrairement aux présentes lettres par qui que ce soit et de quelque autorité qu'il jouisse sciemment ou par ignorance*, nonobstant les constitutions et ordonnances apostoliques et toutes autres dispositions contraires quelles qu'elles soient.

« Donné à Rome, sous l'anneau du Pêcheur, le 22 avril 1885, la septième de Notre Pontificat.

Signé : Le Cardinal Chigi.

« Suit le témoignage de Monseigneur le Chanoine Andrenelli, secrétaire du Chapitre de Lorette:

Le 30 janvier 1886.

« Je soussigné. certifie que la présente copie a été extraite fidèlement mot à mot de l'original qui existe dans les Archives de la Cathédrale, avec lequel elle a été soigneusement collationnée.

« *Signé :* Le chanoine Louis Andrenelli,

Secrétaire pour les actes capitulaires. »

Depuis 3 ans que Monseigneur Bousquet habite notre belle ville de Nice, on peut dire qu'il n'a cessé d'y être entouré de respect et de vénération publique.

Heureux, cent fois heureux le sympathique Prélat, qui vient bienveillant, éclairé, large dans ses idées, large aussi dans les aspirations de son cœur, marquer son passage par des services, par des bienfaits. Le souvenir de son nom demeurera ineffaçable dans l'esprit de ces nombreuses personnes qui, chaque jour, vont lui demander des conseils et des consolations. La reconnaissance lui survivra. Sa maison est ouverte à toutes les infortunes; et, si dans ces dernières années, Monseigneur Bousquet, a été victime, comme tant d'autres, des catastrophes financières qui ont semé çà et là la gêne, et quelquefois la misère, s'il n'a pas toujours le moyen de venir en aide à des malheurs, il est privé d'un plaisir qu'il avait goûté, mais il n'a cessé de faire entendre des paroles qui portent dans l'âme désolée, des consolations intérieures qui la fortifient et lui donnent des espérances.

Un Prélat, aussi distingué par son talent que par ses vertus, et surtout son inépuisable charité envers les humbles de ce monde, devait naturellement attirer encore les regards du père commun des fidèles, de celui qui est sur la terre le digne et vénérable successeur de St-Pierre. On ne laisse pas sous le boiseau une lumière aussi vive et aussi éclatante. Aussi, celui qui sut maintenir les droits absolus qu'un acte notarié en bonne et dûe forme lui imposait sur l'Eglise et le presbytère qu'il avait bâtis au Golfe Juan, contre des prétentions erronées et intéressées qui, si elles eussent été accueillies par la justice, auraient été à l'encontre des vœux des donateurs ; heureusement le tribunal civil de Grasse fit bonne justice, — reçoit de Rome, à titre de récompense. le magnique parchemin, portant sa nomination *d'avocat de St-Pierre.* Cette distinction venue de si haut, comble de joie notre excellent ami, Monseigneur Bousquet, qui on s'en souvient, n'avait reçu aucune récompense de l'Evêque de Fréjus pour ses signalés services à la Verrerie et à Golfe-Jouan.

Mais, ô surprise ! les journaux de Nice nous annoncent que Monseigneur Journé, prélat de S. S. le Pape Léon XIII, précepteur de la belle famille du Président de la République de Venezuela, vient visiter notre ville et qu'il est descendu chez son collègue et ami, Monseigneur Bousquet, avec les trois fils aînés de S. E. le Général Guzman-Blanco, Président de la République, cet autre Napoléon Ier de l'Amérique du Sud. L'accueil bienveillant que ces hôtes augustes reçoivent chez Monseigneur Bousquet, laisse dans l'esprit de Monseigneur Journé et des jeunes Américains, une impression si douce, que ceux-ci, trop bien nés pour l'oublier de sitôt, en rendent un compte très flatteur à l'éminent Président de la République, leur père bien-aimé.

L'illustre personnage, aujourd'hui surnommé le grand génie, qui s'est fait une si belle page dans l'histoire, par les bienfaits innombrables dont l'Amérique lui sera à tout jamais reconnaissante, vient en Europe, il visite Nice. Dès son arrivée en cette ville, il voit Monseigneur Bousquet, à qui il fait, ainsi que son auguste épouse, l'accueil le plus gracieux, en le remerciant affectueusement de ses bontés envers leurs enfants.

Cette visite à la famille présidentielle devait porter ses fruits. On n'approche pas de si près le soleil sans ressentir le vif éclat de ses rayons. Le bruit de la présentation de Monseigneur Bousquet à M. le Président de la République, si courtoisement accueillie, se répandit subitement en ville. Aussi, ne manqua-t-on pas de dire et de redire tout bas, que Monseigneur Bousquet emportait à coup sûr, dans les plis de son manteau de visite, le décret qui le nommait Commandeur de l'Ordre du Libérateur du Gouvernement de la Réoublique du Venezuela. On ne s'était pas trompé.

« Il y a des hommes, dit quelque part Sainte-
« Beuve, que Dieu a marqué au front, au sourire,
« aux paupières, d'un signe et comme d'une huile
« agréable, qu'il a investi du don d'être aimés.
« Quelque chose, à leur insu, é mane d'eux, qui est
« un baume et qui attire. Ils se présentent, et à
« l'instant un charme à l'entour est formé. »

Monseigneur Bousquet est un de ces hommes

privilégiés. A son aspect les natures les plus soucieuses se dérident et sentent comme un besoin de s'approcher de lui : les misanthropes eux-mêmes oublient leur nature ingrate et revêche, et prennent en goût l'humanité. Ceux qui souffrent du cœur et qui se sentent l'âme mal à l'aise, aiment à entendre le son de sa voix enchanteresse ; une sorte d'attrait les excite et les presse à se jeter près de lui comme Madeleine aux pieds du Sauveur pour lui crier : Sauvez-nous, car vos paroles nous encouragent, votre cœur est un foyer d'amour et de miséricorde, et votre âme le plus pur miroir de la bonté divine.

Les femmes honnêtes et vertueuses, les hommes à l'esprit droit, envient son agréable commerce par ce pur instinct qui pousse la vertu vers la vertu, la grâce vers la grâce, la droiture vers la droiture.

Néanmoins, malgré les vertus, et les qualités qui distinguent l'homme de Dieu et le véritable ami des hommes de cœur, Mgr Bousquet ne devait pas toujours trouver grâce devant la soi-disante austérité de certains pessimistes, et la malignité de leurs entretiens, qui ne craignent pas de l'accuser d'ambition. On n'a pas oublié les opinions sagement libérales qu'il sait admettre, tout comme l'éminent archevêque de Bordeaux, Monseigneur Guilbert, dont on le dirait le disciple. Mais, qu'importe ? le crédit dont il jouit auprès des hommes sans parti-pris, dégagés de cette sotte jalousie qui est si commune dans le clergé, quoique habilement déguisée sous des couleurs de prétendue charité, le rend maître partout et toujours.

Le peuple commence à y voir plus clair. La vérité n'est pas toujours où l'on croit. C'est au fruit que l'on connait l'arbre. Les eaux dormantes ne sont pas habituellement les plus limpides.

Or, tandis que ce léger levain de petites passions jalouses, et peut-être quelquefois haineuses, fermente dans quelques esprits inquiets, étroits et délaissés, le parchemin de *Commandeur, avec plaque, de l'Ordre du Libérateur,* arrive du Vénézuela, à l'adresse du vénéré Prélat, par l'entremise de Son Altesse Royale, la Princesse de Lusignan dont Monseigneur Bousquet est Grand Croix de son ordre et Grand Aumônier de sa maison royale. Tous les journaux de Nice publient à l'envi cette nomination, et tous lui offrent, en leur nom et au nom des nombreux amis que chacun connait au sympathique Commandeur de chaleureuses félicitations. Cette croix de commandeur, partie d'au-delà des mers, vient se placer au cou du du Commandeur de l'Ordre Pontifical du St-Sépulcre, et figurer à côté de la croix pectorale du Prélat, qui s'impose et resplendit au milieu des deux croix de Commandeur. Hommage et mille fois honneur à Monseigneur Bousquet pour ces hautes distinctions dont le peuple le proclame digne à tous égards.

Mais, voici que la Société Universelle des Chevaliers-Sauveteurs de Nice, dont Monseigneur Bousquet est vice-président depuis 3 ans, n'oublie ni ses remarquables discours dans les jours de ses fêtes publiques, ni qu'il a su gagner la croix du *Mérite* que la Société décerne à ses membres les plus dignes. Le conseil d'administration se réunit, sous la présidence de l'honorable avocat, M. Risso, son président. A l'unanimité, on y proclame Monseigneur Bousquet, Grand Aumônier et Président d'honneur.

On se souvient d'une phrase délicate prise dans un de ses discours, prononcé devant une foule innombrable qui fut accueillie par des applaudissements frénétiques. « Occupons-nous, disait l'orateur « chrétien, de tout ce qui peut à la fois améliorer la « condition matérielle du peuple et élever son « moral. Plaçons toujours sous ses yeux un noble « but à atteindre et l'exemple de ceux qui ont con- « quis la fortune par le travail, l'estime par la « probité, la gloire par le courage. »

Cet hommage public de déférence et de respectueuse considération que cette remarquable société s'empresse d'octroyer à Monseigneur Bousquet ne manquera pas de lui assurer son haut patronage et d'espérer que mieux encore que par le passé, elle pourra compter sur son précieux et utile concours.

Ma tâche, ou plutôt mon devoir d'affectueux dévouement pour Monseigneur Bousquet, mon meilleur ami, est presque rempli. Il ne me reste plus qu'à espérer, avec ses nombreux et fidèles admirateurs, que bientôt nous aurons l'insigne bonheur de solliciter de sa bonté, comme témoignage d'affection particulière, sa première bénédiction épiscopale. Nous n'ignorons pas que le Gouvernement de la République a les yeux ouverts sur cet infatigable et valeureux apôtre du *Christ*, dont la mission est si bien comprise au milieu du monde intelligent, qui malgré la difficulté des temps présents, sait si justement apprécier les services. Nous nous plaisons donc à attendre que Son Excellence, Monsieur le Ministre des Cultes, si judicieux appréciateur des personnes et des choses, ne tardera pas à reconnaître le mérite de Monseigneur Bousquet, que ses œuvres et ses travaux littéraires recommandent à sa haute et perspicace sollicitude.

En mettant au service de l'humanité souffrante et de l'amitié réelle les facultés supérieures dont le ciel l'a doté si avantageusement, Monseigneur Bousquet a conquis, dans la société cette situation personnelle et dans le pays, le rôle éminent qui ont pu lui susciter des envieux, mais qui le désignent à l'attention et à la confiance des intrépides et persévérants défenseurs de la vraie démocratie.

Nous ne le savons que trop, hélas ! Pour atténuer la valeur de cet homme de bien qui, dans le sentiment universel, laisse loin derrière lui certains tartuffes déguisés, on s'est efforcé de le représenter comme trop libéral. Monseigneur Bousquet n'est pas trop libéral : il n'est que ce qu'il doit être.

Pour s'en convaincre, il n'y a qu'à lire la brochure qu'il vient de publier et qui se vend à Nice chez M. Salengo, Boulev. du Pont-Neuf, intitulée ; *Œuvres Choisies.*

Par son caractère, dont nous avons essayé de donner une idée, on peut dire hardiment qu'il serait de tous points l'Evêque désiré par le grand Pontife Léon XIII, dont l'habile politique, toute de charité et de tolérance a déjà obtenu de si admirables résultats dans cette grande œuvre éminemment chrétienne de la réconciliation des partis politiques.

Eh ! quel bien n'accomplirait pas un cœur aussi ardent, une âme si charitable, un esprit si élevé, sur le champ d'un diocèse ! immense deviendrait le développement du règne de Dieu dans les ouailles confiées à la houlette habile d'un pasteur aussi digne, dont l'existence est déjà splendidement illuminée des purs diamants de la charité la plus parfaite, sachant se faire tout à tous, avec un dévouement sans égal, un désintéressement illimité, une générosité constante, exempte de calcul, de parcimonie et d'amour propre. Nous lui disons, en empruntant l'invocation sacrée : *Adveniat regnum tuum !* Oui, mon cher et vénérable ami, par la grâce du très haut et la volonté du peuple qui vous chérit, devenez bientôt Evêque ! c'est notre vœu le plus ardent.

64

www.ingramcontent.com/pod-product-compliance
Ingram Content Group UK Ltd.
Pitfield, Milton Keynes, MK11 3LW, UK
UKHW021030260726
13994UKWH00005B/2057